AF224260

UN MOT
A MES CONCITOYENS.

> Les principes gouvernent les hommes ; une fois reconnus par le peuple, s'ils s'effacent un moment, c'est pour recommencer la lutte avec plus de vigueur et remporter définitivement la victoire.
>
> Aujourd'hui les doutes sont dissipés ... La France marche...., Le peuple se réveille et veut enfin reconquérir la place marquée par la révolution.
>
> L'avenir appartient à la science et à la conscience ; la science et la conscience ont pour moyen la volonté.
>
> Unissons-nous donc et travaillons tous avec fermeté ; c'est à ce prix, à ce seul prix que le succès nous est assuré.
>
> [*A la jeunesse des Ecoles.*]
> Paris, 1869. D* MARIANI.

AJACCIO

IMPRIMERIE A.-F. LECA.

—

1871.

A M. Pajanacci, procureur de la république, candidat à la constituante.

Mon cher ami et ancien confrère

Éclairer ses compatriotes en propageant les idées républicaines. qui peuvent seules assurer le bonheur et la tranquillité des Peuples :

Voilà ce que doit faire tout bon citoyen !

C'est aussi ce que vous faites depuis longtemps !

Je suis votre exemple et j'adresse à mes compatriotes, qu'on a obstinément tenus dans l'ignorance de bons principes, quelques idées suggérées par les tentavives de désordre qui ont accueilli le gouvernement de la défense nationale.

Permettez-moi de vous dédier cette œuvre de propagande républicaine, à vous qui m'avez toujours honoré de vos sages conseils ; à vous qui, envers et contre tous, affrontant la colomnie et le mensonge, avez vaillamment combattu pour le triomphe des idées nouvelles.

Salutations cordiales et amitiés sincères.

A.-D. MARIANI, *avocat.*

Ajaccio, 1er février 1871.

UN MOT A MES CONCITOYENS.

Ce mot est un mot de conciliation, de paix !
C'est un appel désintéressé aux consciences
honnêtes et peu éclairées ! C'est le cri qu'une
âme convaincue et indignée adresse spécialement
aux braves et dignes habitants de nos montagnes.

S'il trouvait de l'écho dans quelques cœurs,
j'en serais fier et heureux. Quelle gloire en effet,
de participer à la rénovation politique d'un pays,
aujourd'hui, atrophié par le despotisme, autrefois surnommé : Peuple-Roi, pour ses sentiments
d'indépendance et de liberté !

Mais, si l'indifférence et le mépris accueillaient
mes paroles, je n'en voudrais qu'à moi seul, je
n'en voudrais qu'à ma témérité d'avoir tenté une
œuvre au-dessus de mes forces. Quoique poi-
gnantes mes peines ne seraient pourtant pas de
longue durée, car la consolation d'avoir accompli
un grand devoir, un devoir vraiment patriotique,
les aurait vite dissipées.

Un esprit littéraire et politique de l'époque a dit : « Il y a, dans la vie, de ces conjonctures solennelles, ou se taire, c'est être complice. » Jamais cette vérité n'aura eu plus besoin de consécration.

Le silence est devenu désormais coupable !

Il n'est pas seulement temps de combattre la tyrannie contre les Prussiens, nous devons aussi combattre le mensonge contre les ennemis de l'intérieur.

Aimant la Liberté, l'Égalité et la Justice par dessus tout, j'ai cru devoir signaler les agissements de la réaction et ébaucher tous les désastres que nous ont légués vingt années de despotisme.

Je sais quelles critiques je vais soulever, quelles vanités je vais froisser, quelles susceptibilités je vais exciter ; rien ne peut arrêter l'élan de ma conscience justement navrée par les maux et les souvenirs qui nous accablent.

Celui-là se rend coupable de faiblesse et de lâcheté, qui, de propos délibéré, tait ce qui amoindrit ou souille les noms qu'une majorité aveugle s'obstine à adorer. Par contre il oblige la société en propageant des idées saines et justes.

Plus qu'à personne, il nous appartient de parler, d'agir, nous qui avons sucé, en même temps que le lait de nos mères, le vif amour de la liberté. N'est-ce pas à notre génération en effet que reviendra ou la gloire d'avoir relevé notre patrie abaissée et flétrie, ou la honte de l'avoir laissée étrangler par la main criminelle de Bismark et étouffer sous l'éteignoir de la réaction !

II.

Après les sanglantes défaites de Vissembourg, de Spikéren et de Reischoffen, après les honteuses capitulations de Sedan et de Metz, où l'on vit, chose inouïe dans l'histoire, des centaines de mille hommes livrés, comme de vils troupeaux, aux pieds de deux princes vainqueurs, sans avoir combattu, la France frémit d'indignation ; elle demanda justice..... Soudain Paris se lève en tumulte ; les places publiques retentissent de clameurs furieuses : la Patrie est redevenue libre ! car les hommes, cause de tant de honte et de ruines, ont passé la frontière, échappant à la vindicte publique !.....

Sans soldats, sans armes, sans munitions, abandonnée à son triste sort, la France voyait avec un désespoir déchirant son sol envahi. de plus en plus, par le torrent dévasteur des barbares.

La situation était critique, périlleuse !....

Ne s'inspirant que de leur patriotisme, les députés de la Gauche eurent assez d'énergie, assez de courage, pour prendre en main les rênes du gouvernement que l'incurie de l'ex-Empereur et l'imprévoyance de ses ministres avaient gravement compromis ; ils se chargèrent

d'une œuvre difficile et glorieuse. Mais la réaction, mais ces anciens tyrans subalternes, « petits
tiercelets de roi, » comme dit Voiture, ne sont pas
contents ; ils crient à la trahison, ils osent traiter
d'usurpation ce qui n'a été qu'un véritable acte
de virilité. « Que ne consultez-vous la nation,
disent-ils ; nous ne reconnaitrons votre pouvoir
pour légitime que si le peuple le sanctionne de
droit. »

Au fond, ce sont moins les élections que le
trouble qui peut en résulter qu'ils désirent.....

Nonobstant, pour déférer à ces vœux exprimés
sous la forme d'un défi, pour planer au dessus
de toute espèce de reproche et surtout pour
enlever à M. Bismark, qui avait primitivement
déclaré ne faire la guerre qu'à Bonaparte, tout
prétexte à la continuation de ses horreurs, le
gouvernement de la défense nationale fixa les
élections au 2 octobre, ensuite au 16 du même
mois.

« L'Europe a besoin qu'on l'éclaire ; il faut
« qu'elle connaisse par d'irrécusables témoi-
« gnages que le pays tout entier est avec nous.
« Il faut que l'envahisseur rencontre sur sa route
» non seulement l'obstacle d'une ville immense,
« résolue à périr plutôt que de se rendre, mais
« un peuple entier debout, organisé, représenté ;
« une assemblée enfin qui puisse porter en tous
« lieux, et en dépit de tous les désastres, l'âme
« vivante de la patrie. » (1)

(1) Procl. du Gouv. 8 septembre.

. Hélas ! les crimes et les ravages des hordes que conduit le moderne Attila, augmentant de plus en plus, l'impossibilité matérielle pour de nombreux départements, occupés par l'ennemi, de procéder aux élections ; les menées et conspirations Bonapartistes qui se font jour, partout où se trouve un simple clan de fonctionnaires destitués, mirent le Gouvernement dans la nécessité de renvoyer de nouveau le vote. Mesure sage et prudente ! Outre qu'elles n'auraient abouti qu'à une représentation incomplète, les élections eûssent peut-être enfanté la guerre civile.

Et alors quelle immense catastrophe ? Quelle terrible responsabilité !

Aujourd'hui les bonapartistes ne sont plus seuls à demander les élections. Bismark par la *Gazette de la Croix* et autres feuilles officieuses inspirées par lui ; la Légitimité par la voix grave et majestueuse de la *Gazette de France* ; M. Guizot lui-même dont les journaux du trône et de l'autel ont porté la parole aux quatre coins de la France, s'unissent au *Constitutionnel* et au *Pays*, pour exécuter une charge à fond, contre le *Moniteur*, contre les journaux républicains qui cherchent à prouver combien les élections immédiates seraient inopportunes et dangereuses.

Les lecteurs savent déjà le mobile qui a réuni dans un même but les ennemis de la veille. Touchant accord, dirons-nous seulement, fait pour ouvrir les yeux aux honnêtes gens !

L'heure de se compter est enfin arrivée.

Le vote est aujourd'hui définitivement fixé au huit février. La France est appelée à choisir entre ses libérateurs et ceux qui après l'avoir épuisée de toutes manières, l'ont mise à deux doigts de sa perte. Et si les Républicains doivent succomber, ils succomberont du moins, en laissant la France libre et glorieuse, débarrassée des barbares qu'une incroyable ineptie a laissé déborder comme la lave d'un volcan, brûlant tout sur son passage.

III.

Les élections se feront conformément à la loi électorale de 1849. Le nombre de Représentants à élire est de cinq pour notre département. Leur mission, si les Républicains l'emportent, consistera à élaborer une Constitution qui soit, non pas le nom, mais l'application sincère des droits de l'homme, qui soit aussi la nouvelle règle de conduite du citoyen.

N'allez pas croire, chers concitoyens, que la République va donner le spectacle d'élections corrompues et faussées, si fréquent sous l'Empire. Ce solennel appel au peuple, se fera dans des conditions équitables. Nous voulons, nous républicains sincères, que l'indépendance du vote soit à l'abri de tout ce qui de près ou de loin pourrait ressembler à une pression ; nous voulons enfin que le suffrage universel soit l'expression exacte des idées nouvelles. La victoire sera d'autant plus grandiose, elle sera d'autant plus indiscutable qu'une plus grande liberté aura été laissée aux électeurs dans le choix de leurs mandataires.

Si l'empire autoritaire avait ses candidatures officielles et savait les faire prévaloir par tous les moyens possibles, la République les repousse. En les renouvelant, elle croirait manquer à l'esprit du suffrage universel, qui est sa raison d'être. Liberté complète de la presse, liberté complète de réunion, bref, liberté en tout et partout : voilà les garanties réelles de la sincérité des nouvelles élections.

Ce n'est que par la liberté que les consciences peuvent s'éclairer, et le suffrage universel sous la République, veut avoir la lumière et non l'obscurité pour auxiliaire.

MM. Jules Favre, Gambetta, Picard, Crémieux et tous les autres députés de la gauche, après avoir été les plus fervents promoteurs de la république, se déconsidéreraient, se suicideraient, s'ils conservaient les traditions d'un gouvernement despotique, combattu par eux depuis près de vingt ans. Aussi, nous en sommes certains, doit-il leur tarder de prouver qu'ils ont fait autre chose que remplacer Rouher, Duvernois, David, et que leur avénement inaugure le règne de l'ordre et de l'égalité, non du désordre et de l'anarchie comme tentent de le faire croire les hommes de la *Situation* et du *Drapeau*........

IV.

Comme en 93, comme en 48 nous verrons en 1871, l'acclamation populaire fonder la République. « Car au bruit de ce vaste gémissement qui se prolonge de siècle en siècle et sur cette route où tant de générations périssent misérablement broyées, l'humanité marche d'un pas sûr, vers la lumière, vers la justice, vers le bonheur. » (1) Pour qu'il en [fût autrement, ne faudrait-il pas désespérer de la démocratie française? Ne faudrait-il pas que la France ait tout oublié? Mais dissipons nos doutes : le Dieu que Guillaume invoque dans ses proclamations, le Dieu que ce tyran sanguinaire et déprédateur veut rendre complice de ses crimes, paraît l'abandonner et revenir à la France. Depuis le 2 décembre, Paris a ouvert la série des victoires qui réaliseront cette prophétie de Frédéric-le-Grand : « Je connais beaucoup de portes pour entrer en France, je n'en connais aucune pour sortir. »

2 décembre 1805 !!!. 2 décembre 1851 !!!.... 2 décembre 1870 !!!... « Qu'elle prodigieuse coïncidence que celle de ces trois dates ? Ne semble-t-il pas que la puissance mystérieuse qui conduit les destinées du genre humain ait voulu

(1) Louis Blanc (*Hist. Rév. Fran.*)

résumer les lois morales de l'histoire en une grande image, en un triple rayon de la lumière qui doit frapper les yeux les moins clairvoyants et pénétrer jusqu'au fond des âmes les plus fermées ?

« — L'Égarement ! Le premier empire avec l'orgueil de la gloire remplaçant le droit et la liberté.

« — L'Expiation ! Le second empire avec l'ignominie et la ruine.

« — La Réhabilitation ! La France républicaine purifiée par le malheur, se relevant du fond de l'abime ! » (1)

En dépit de tout ce qui pourra se tramer mystérieusement, soit à Cassel, soit à la cour du roi Guillaume, la République sortira triomphante de l'épreuve. «Debout, à la face de l'univers, elle se dressera pleine de vie, ayant pour elle le droit, la justice et les lumières de la vraie civilisation. » (2)

La force brutale cédera à la justice. La réaction tombera épouvantée devant le progrès..........

Après cette double victoire, loin de satisfaire des rancunes, d'éveiller des défiances ; loin de rallumer les tisons de partis déjà à demi éteints par un intérêt commun, nous dirons franchement, sans arrière-pensée à tous nos ennemis de la veille : Aidez-nous à établir sur une base

(1) Henri Martin.
(2) Jacobi, Député au Parlement allemand.

impérissable les principes républicains qui sont aussi et surtout ceux de l'humanité.

S'il est, en effet, une forme de gouvernement sous laquelle nous puissions, partisans de régimes divers. arriver à nous entendre, n'est-ce pas la forme républicaine ? Pour son propre malheur, la France a jusqu'ici été aveuglement plus aimante des monarchies que de la République. Ce contre-sens d'un peuple préférant être gouverné que se gouverner lui-même, préférant l'arbitraire à la justice, le désordre au contrôle, puisait à tort ou à raison sa source dans les longues traditions de l'histoire, dans les innombrables préjugés du passé, enfin, dans je ne sais quoi de fatal au bonheur des peuples. Aujourd'hui, ce n'est plus une simple minorité intelligente et dévouée jusqu'au sacrifice de ses intérêts et de sa vie, c'est la majorité toute entière des français qui reconnait les institutions républicaines et démocratiques, comme pouvant seules la préserver à jamais de nouvelles catastrophes.

Poussée à bout par tant de misères et de maux, la France s'est indignée d'une trop longue servilité. Échappant aux étreintes du despotisme elle veut enfin reprendre en main ses destinées.

Plus de maîtres, plus d'esclaves ! Tel est le programme éternel de l'humanité.

« Que voyons-nous en effet dans ces potentats qui commandent aux nations, sinon des ambitieux que rien n'arrête, des cœurs parfaitement insensibles aux maux du genre humain ; des âmes sans énergie et sans vertu, qui négligent les devoirs évidents dont ils ne daignent pas même s'instruire, des hommes puissants qui se mettent insolemment au-dessus des règles de l'équité naturelle, des fourbes qui se jouent de la bonne foi. » (1)

Trop longtemps nous avons méconnu la sainteté de nos devoirs, la grandeur de notre dignité.

Trop longtemps, par un funeste aveuglement, nous avons oublié nos intérêts pour nous agenouiller devant des idoles.

Pourquoi par une obstination coupable, par un entêtement réciproque, laisser toujours debout cette vieille division, cause de nos malheurs politiques.

Pourquoi permettre encore à quelques-uns de se dire nos maîtres et de s'imposer comme tels, mis au monde pour nous gouverner.

L'intérêt des nations est inconciliable avec celui des dynasties !...

Ici-bas, personne n'a le droit de s'arroger le monopole de sagesse, de justice et de probité que tout honnête homme a le devoir de revendiquer. Au milieu des luttes gigantesques de la bourgeoisie contre la féodalité, du nouveau contre l'ancien système, Mirabeau s'écriait : « Les grands ne sont grands que par ce que nous sommes à leurs genoux. » Eh ! bien, donc, levons-nous et nous serons leurs égaux.

(1) D'Holbac, (Œuv. Ph.)

V.

Corses, ô fils des Sambuccuccio. des Sampiero et des Paoli, y aurait-il quelqu'un parmi vous, qui libre dans ses mouvements et ses aspirations voudrait rester le vassal de tel ou tel autre individu ?

« On peut tout faire d'un Corse excepté un esclave ! » Précieux jugement, échappé à Sénèque, pendant les longues heures de son exil en Corse ; pendant qu'il expiait dans une tour froide et glaciale, le tort d'avoir dénoncé au peuple Romain, les débauches de l'impudique Messaline.

Ce jugement a été vrai durant toutes nos guerres de l'Indépendance ; sous Sampiero et Paoli, on le répétait dans toutes les cours de l'Europe qui rêvaient la domination de notre héroïque patrie !... mais depuis le jour où disposant de nous, sans avoir jamais pu nous dompter, Gênes vendit ses droits ; depuis que Louis XV rendit l'édit de réunion de la Corse à la France, l'appât du lucre et la civilisation avec tous ses vices entamèrent sérieusement cette austérité, cette probité, cette dignité légendaires qui avaient toujours été le patrimoine de nos aieux.

Autrefois le mot Corse voulait dire VALEUR et LIBERTÉ ; de nos jours, il n'a plus cette noble

signification !... Faut-il pour cela désespérer ?
Non. Les vrais Corses, les Corses de nos montagnes, sont toujours restés républicains de sentiment et de nature, car le principe d'égalité qui qui est la base essentielle de toute république, se trouve plus vivace que jamais dans leurs cœurs. La graine est bonne et partant la régénération sera prompte et solide. « Comme je crois et j'aime à croire qu'elle n'a pas divorcé avec le sentiment de la liberté cette petite île, qui réalisant la prédiction de Jean-Jacques Rousseau a étonné le monde... de quelle manière hélas. » (1)

Si le hasard, pour notre pays, d'avoir donné le jour à des généraux républicains, couronnés empereurs par les Français, a un instant affaibli nos sentiments de liberté ; si le fait d'être les compatriotes des Bonaparte a substitué, chez nous, l'adoration d'une famille au culte des principes, il est temps de réparer notre erreur en reprenant la place que nous avons perdue depuis longtemps. Soyons les premiers sur le terrain de la liberté. Notre honneur national le commande !.....

VI.

Persuadés que la République universelle peut à jamais assurer la fraternité des peuples

(1) Lettre de L. Blanc. 5 août 1868

par la réconciliation des différentes races, réconciliation que cimenterait une paix éternelle, dans laquelle s'éteindraient toutes les haines, toutes les rivalités, efforçons-nous d'imiter l'Amérique républicaine, si riche et si prospère, où n'éclate jamais aucune de ces révolutions sanguinaires, que léguent toujours le caprice des grands et le despotisme des rois. « C'est à l'aide de la religion, de l'éducation, de l'organisation communale, de la milice nationale qu'on enracine la liberté dans l'âme du citoyen ; ce sont les quatre piliers qui soutiennent la constitution. L'église séparée de l'État, et par conséquent, ni querelles intestines, ni alliances simoniaques ; l'éducation hors de la main de l'État, mais imposée à la commune et considérée comme une question de vie ou de mort pour la république ; une milice nationale qui remet entre les mains des citoyens la police et la défense de l'État, et exclut toute politique d'ambitions et de conquêtes ; la commune, seule maîtresse de ses intérêts, responsable de ses fautes et de ses erreurs : Voilà qu'elles sont aux États-Unis les quatre conditions essentielles de la liberté. conditions qui nous ont toujours manqué. Là-bas la vie politique ne vient point par accès, comme une maladie, c'est une part de la vie journalière. On est citoyen en même temps qu'on est avocat, industriel ou laboureur. Chacun de près ou de loin s'y occupe, des affaires de son église, de son école, de sa commune, en même temps que de ses propres affaires. Elles ne le touchent guère moins, car c'est lui qui lève, qui emploie ou surveille les fonds qu'il a votés, et qui souffre ou profite des fautes ou de la sagesse de ses concitoyens. Ainsi se retrouve aux États-Unis cette vie politique dont la Grèce et Rome nous ont laissé de si beaux exemples ; la commune y est l'école mutuelle de la liberté ; dès le premier jour, le citoyen s'habitue à aimer l'état comme sa propre chose et contracte ainsi ce légitime orgueil qui fait la force et la vertu des républiques. » (1) Partisans de toutes les monarchies, pourquoi, dès aujourd'hui, ne suivrions-nous pas l'exemple de nos pères, qui, en un jour solennel, fusionnèrent leurs couleurs distinctes dans un seul drapeau, pour assurer le salut de la France en fondant l'union et la concorde dans la République ?

Et vous, qui, sous le nom de Conservateurs, êtes indifférents à toute forme de gouvernement, ayez confiance ! Reportons ensemble nos regards vers cette époque salutaire et grandiose, vers ces « quinze années d'une Révolution étonnante qui en peu de temps avait donné le jour à tant de héros et de génies ; qui avait lutté contre les maux qui rongeaient le cœur de la France et contre les despotes coalisés qui voulaient détruire son œuvre ; de cette révolution qui vît des citoyens éminents, tour-à-tour, écrivains, députés aux trois assemblées, ministres et simples

(1) *Constitutions américaines.* Éd. LABOULAYE, t. III.

soldats ; qui vit un jeune prince destiné à s'asseoir sur le trône de ses ancêtres, combattre dans les journées de Valmy, côte-à-côte avec les ouvriers de Paris : qui vit tous les citoyens groupés autour d'un même drapeau, de ce drapeau sur lequel étaient inscrites en lettres magiques ces paroles : « Liberté, Égalité, Fraternité ; qui vit enfin tout ce que l'humanité recèle de plus grand, se lever pour sauver à la fois d'un retour vers le moyen âge et la France et l'Europe toute entière. » (1).

Vous le voyez la République signifie au-dehors, guerre à la tyrannie, indépendance des peuples !

Elle signifie au-dedans, bien-être des populations, grandeur de la Patrie !

VII.

Existant déjà de fait, le Gouvernement républicain, existera demain de droit. J'ai entendu beaucoup de personnes honnêtes, sincères, dire : « La République est sans doute la meilleure forme de gouvernement, car c'est le gouvernement naturel, le gouvernement de tous, de tous sans exception ; nous ne croyons cependant pas qu'elle puisse s'établir. » Qu'ils réfléchissent un

(1) *Législation Napoléonienne.* Br. D. Mariani.

instant et ils verront que ce qui leur paraît irré-
alisable serait établi depuis longtemps ; que nous
en jouirions tranquillement sans la force triom-
phant au 18 brumaire et au 2 décembre ?

A ce propos, voici quelques extraits signés de
de leurs auteurs. Ils seront d'un grand enseigne-
ment pour les ignorants et tous ceux qu'aveugle
le fanatisme Bonapartiste :

« La *République* est comme le soleil ; bien
aveugle qui ne le voit pas.

« NAPOLÉON Ier. »

« Je disire l'ordre et le maintien d'une *République* sage, grande et intelligente.

» Après trente années de proscription et d'exil
je retrouve enfin ma patrie et mes droits de
citoyen.

» La *République* m'a fait ce bonheur ; que la
République reçoive mon serment de reconnais-
sance, mon serment de dévouement.

» Ma conduite toujours inspirée par le devoir,
toujours animée par le respect de la loi, ma conduite prouvera a l'encontre des passions qui ont
essayé de me noircir, que nul ici plus que moi
n'est résolu à se dévouer à la défense de l'ordre
et à l'affermissement de la *République*.

» En présence de Dieu et devant le peuple
français, représenté par l'assemblée nationale,
je jure de rester fidèle à la *République* démocra-
tique, une et indivisible, et de remplir tous les
devoirs que m'impose la constitution.

« NAPOLÉON III. »

« Il y a longtemps que j'ai la conviction que *la République seule convient à la France.* Ce grand principe est établi aujourd'hui ! Je l'ai appelé de tous mes vœux. Hors de là il n'y aurait qu'anarchie, guerre civile, retour *aux fautes et aux crimes* ......

« En aimant la *République*, et en me dévouant à elle, j'obéis à Napoléon qui, sur le rocher de Ste-Hélène ou la haine des rois l'avait attaché, prédit « qu'avant cinquante années l'Europe serait *Républicaine* ou cosaque. » Crâce à Dieu et au peuple français c'est la République qui triomphe.»

« JÉROME-NAPOLÉON. »

« Une *République*, telle qu'elle est maintenant, sachant faire respecter ses lois, les lois du peuple, a toujours été le but vers lequel j'ai dirigé mes vœux.

« LOUIS-LUCIEN-NAPOLÉON. »

« Mon père était *Républicain.* Je le suis donc par conviction, par instinct, par tradition.

« La *République* telle qu'il la comprenait, telle que la comprennent les grands citoyens, est la plus belle réalisation des théories que peut inspirer l'amour du prochain, de la gloire et de la patrie. La sagesse des vues, la pureté des intentions, la modération des mesures, voilà la trinité sainte qui résume la doctrine d'un vrai *républicain.*

« PIERRE-NAPOLÉON. »

« L'ère de la *République* doit être pour notre île comme pour la France entière, une époque de développement et de grandeur.

« ABBATUCCI. »

« Le salut de la France, le maintien de l'ordre et de la liberté sont attachés à la consolidation de la *République*.

« F. COLONNA-D'ISTRIA »

« La révolution de février a donné raison à la prophétie de Napoléon et tous les membres de sa famille ont salué avec enthousiasme l'ère nouvelle de la *République*. Pour eux, comme pour nous, la grande époque impériale ne rappelle plus un *trône* mais la puissance et la grandeur de la France.

« Aussi, n'ont-ils pas hésité à faire acte d'adhésion à la *Républiqne*, et leur présence dans les moments les plus critiques, a prouvé que leur adhésion était toute française et que la *République* qui ne redoute d'ailleurs personne, peut compter sur leur patriotisme.

« PIÉTRI. »

« L'assemblée nationale doit fixer à jamais les institutions *républicaines*. Il ne faut pas que vous y soyez représentés par le *mensonge* et l'*apostasie* politique. Il faut que vous soyez en quelque sorte, vous-mêmes, présents de votre cœur, de votre intelligence et de votre enthou-

siasme révolutionnaire, dans cette grande consti-
tuante où seront réunis tant d'intérêts, agités
tant de principes, et d'où la France rajeunie doit
sortir comme une lumière de la raison et de la
vérité.....

« Je n'ai pas attendu que la *République* fût
proclamée. pour la saluer de mes vœux et de
mon dévouement; il y a dix-huit ans que je
combats pour son triomphe.

« Ét. Conti. »

« Je crois fermement que le salut de la France
est attaché à la consolidation de la *République*.

« E. Arrighi de Padoue. »

« En me présentant aux suffrages des électeurs de la Corse, j'obéissais à un vif désir de
travailler activement à l'affermissement de notre
jeune *République*.

« Puissions-nous, dans ce moment solennel,
être unis, exempts d'ambitions personnelles,
sincèrement *républicains* !

« Baron Mariani. »

Inutile de faire des commentaires. Ce serait
diminuer la portée de ces jugements précieux que
de les développer par des arguments plus ou
moins longs.

J'en ai entendu d'autres, et ceux-là sont de
mauvaise foi, représenter la république comme
un gouvernement anarchique et sanguinaire. Ah !

pour ces misérables calomniateurs, le mépris et le silence seraient la meilleure réponse. Mais quand nous voyons de faibles citoyens se laisser aller à de funestes théories, développées sous de fausses et séduisantes apparences, le devoir nous incombe à chacun, selon nos moyens, de dissiper les préjugés qui empoisonnent leurs cœurs. Au mensonge et à la calomnie opposons la vérité. L'honneur et le salut de la République commandent d'arracher les masques et de confondre les réactionnaires. Que tout citoyen imbu d'idées vraiment démocratiques fasse de la propagande, qu'il forme et éclaire les convictions publiques peu instruites. Nous devons tous suivant les paroles de **M. Gustave Naquet**, notre nouveau préfet, faire *aimer*, *chérir* et au besoin *respecter* la République, en la faisant entrevoir conciliante, calme et forte du prestige que donne la vertu.

VIII.

Par les actes du gouvernement actuel, qui commencent à respirer l'honnêteté et la justice ; par le flambeau de la vérité que les apôtres des idées nouvelles portent dans les coins les plus obscurs, les principes républicains se rétablissent dans leur pureté : bientôt il sera évident, même pour le paysan le plus aveugle, que la République est seule susceptible d'assurer la LIBERTÉ.

« Rien de plus noble et de plus grand que la
liberté ; mais en même temps rien de plus ma-
tériel et de plus réel. C'est pour chacun de nous
le droit d'être maître de sa personne et de ses
biens, de prier Dieu comme il l'entend, d'élever
ses enfants comme il veut, de penser, de parler,
de travailler, d'agir. seul ou avec les autres, sans
avoir rien à craindre de la loi tant qu'il n'en-
vahit pas la liberté d'autrui. La liberté politique,
garantie de la liberté civile, n'est pas davantage
une invention des philosophes ou des rêveurs ;
c'est tout simplement pour un peuple qui vit de
travail et d'industrie, le droit de faire lui-même
ses affaires, d'être maître du lendemain, de n'être
pas appauvri par les folles dépenses du pouvoir
ou jeté tout à coup dans une guerre qui le rui-
nera sans merci.

« Voilà ce qu'est la liberté ; voilà l'utilité dece
régime qu'on veut flétrir. Voilà les vérités essentielles qu'il ne faut pas nous lasser de répéter.
C'est ainsi que nous reconcilierons avec la liberté ceux qu'effraye le fantôme qu'on a baptisé
de ce nom. C'est ainsi qu'en dissipant l'erreur,
qui est multiple et qui divise les hommes, nous
ferons triompher la vérité qui est une, qui paci-
fie les esprits et qui rapproche les cœurs. C'est
ainsi que, fidèles aux généreux sentiments de
1789 et non pas meilleurs, mais plus éclairés
que nos pères, nous ramènerons la France à des
idées qu'elle a toujours aimées, et nous condui-
rons nos enfants à cette terre promise qu'il ne

nous a été donné que d'entrevoir. » (1).

Oui qu'on le sache bien, c'est par la vérité, c'est par la justice, c'est par l'honnêteté que la République se distingue de la monarchie, et c'est par ces grandes vertus qu'elle devra à jamais la supplanter.

Et vraiment nous sommes étonnés, attristés, indignés, quand nous voyons ceux qui ont si grand intérêt à se taire, attaquer dans les principes, chez les hommes qui nous gouvernent, et notre foi et notre amitié.

Puisqu'ils ne craignent pas de se réjouir des revers momentanés qui accablent la France républicaine, dans le fol espoir de reprendre plus tard des positions perdues ;

Puisqu'ils osent écrire que le Gouvernement de la défense nationale « a fait de la France la risée de l'Europe » après avoir « violemment dissous les pouvoirs publics le 4 septembre » à notre tour de leur dire :

La risée de l'Europe :

C'est vous qui en 1848 jurez fidélité à la nouvelle Constitution, pour vous parjurer quelques jours après, en étranglant la République qui vous a reçus dans ses bras !

C'est vous qui, à la faveur d'une nuit profonde et obscure, arrachez des pères à leurs familles et les reléguez au fond des mers à Lambessa et aux îles Philippines ; qui, en massacrant

____

(1) Édouard Laboulaye, *Hist. des États-Unis.* T. I.

de nombreux citoyens sous les sabots sanglants d'une cavalerie prétorienne, jonchez les boulevards de la capitale d'innocentes victimes !

C'est vous qui, devenus de fervents apôtres de la force, de cyniques fanfarons, divinisez le succès et applaudissez, à Bordeaux, le nouveau César couronné : disant à la France inquiète « l'Empire, c'est la paix. » Et l'on sait de combien de guerres inutiles et désastreuses vous avez été les auteurs !

C'est vous qui, en 1854 entreprenez, contre la Russie, une guerre longue et pénible, et empêchez, pour le seul profit de l'Angleterre, les Cosaques d'aller aux Indes par la Turquie et la Perse !

C'est vous qui signez un traité de commerce, uniquement favorable à l'Angleterre, croyant, par un acte magnanime, détruire cinquante années de haine et de méfiance, et vous assurer pour l'avenir un allié puissant, tandis qu'elle est restée pour vous ce qu'elle avait toujours été pour nos pères : la perfide Albion pleurant notre grandeur et se réjouissant de nos désastres !...

C'est vous qui, en 1859, répandez tant de sang, dépensez tant de millions dans les plaines de la Lombardie pour donner une patrie aux fils de Machiavel, que votre maladresse devait transformer en autant d'ennemis !

C'est vous qui, dans un intérêt privé, sacrifiez tant d'héroïques soldats dans les marais pestilentiels de Mexico, rapportant comme trophées, au bout de deux années de guerre, un déficit énorme dans les finances, le spectre sanglant d'un Empereur fusillé et l'inimitié funeste des États-Unis !

C'est vous qui, en 1866, perdant l'occasion de prendre le Rhin sans coup-férir, laissez la Prusse, simple duché de Brandebourg autrefois, s'agrandir outre mesure, détruire le prestige militaire de la France et préparer l'insolent empire d'Allemagne !

C'est vous qui, après avoir été la dupe du roué Bismark, appelez au ministère du quai d'Orsay, M. de la Valette dont tout le monde connait la fameuse circulaire sur les grandes agglomérations ; qui, par la voix éloquente de Rouher, exposez aux Chambres étonnées la théorie des trois tronçons, quand vous savez les États de l'Allemagne du Sud liés à la Prusse par des traités militaires !

C'est vous qui, après avoir sollicité l'acquisition du Luxembourg, reculez devant les menaces de Guillaume, et cela parce qu'un ministre inepte et sans aucune capacité a laissé votre armée se désorganiser. La France entière demandait sa mise en accusation, vous le nommez sénateur, tandis que l'histoire nous offre l'exemple du « maréchal Marillac décapité pour un peu de foin et de paille qu'on l'accusait d'avoir détourné ! »

C'est vous, qui, après avoir engagé les compagnies de l'Est à acheter les réseaux des chemins de fer Belges et Luxembourgeois, rencontrez encore le farouche Guillaume armé de son Veto.

C'est vous qui, en tout et partout, favorisez le monopole, étouffez la concurrence, âme du commerce, là où elle se produit, cherchant à établir, après la centralisation administrative, la féodalité industrielle et l'accaparement commercial !

C'est vous, qui, entretenant un si grand nombre d'agents à l'étranger. pour tenir les fils de la politique européenne, êtes brusquement surpris par la candidature du prince de Hohenzolern au trône d'Espagne, n'ayant jamais eu le moindre doute sur l'alliance, aujourd'hui avouée, de la Prusse et de la Russie !

C'est vous qui, malgré les protestations de la Gauche. déclarez la guerre à une puissance formidablement armée, la croyant, la disant moins prête que vous ; qui, vaincus à Sedan sans essayer de résistance, livrez à discrétion d'innombrables bataillons, déshonorant la nation, pour sauver sans doute votre dynastie ; qui, captifs à Cassel, engagez Bazaine à rendre Metz la Pucelle, afin de paralyser par l'intervention de l'armée de Frédéric-Charles, devenue disponible, les efforts du Gouvernement qui a décrété la guerre à outrance !

C'est vous qui aujourd'hui, conspirez ouvertement pour entrer en France, appuyés par les bayonnettes étrangères teintes du sang encore chaud de nos frères !

Mais, halte-là ! « il est mort celui qui lâchement abandonna la France aux maux qu'il avait suscités. Son nom n'est-il pas effacé de la liste des vivants ? N'éprouve-il pas le supplice de se survivre à lui-même et de ne laisser à l'histoire que le souvenir de son opprobre ? Quant aux serviles compagnons de ses travaux et de sa honte, ne peut-on pas leur appliquer ce vers du Tasse :

« Ils allaient encore mais ils étaient morts... » (1)

Quelles erreurs grossières dans la diplomatie ! Quelles folles prétentions dans les calculs d'une ambition effrénée !

N'y a-t-il pas dans tous ces faits une grande punition du passé, une leçon pour l'avenir ?.....

IX.

Instruits par tant de souffrances, par tant de misères, vous avez une arme puissante, mes chers concitoyens, pour vous garantir contre de si tristes calamités : le suffrage universel ! Sachez en user avec intelligence, en choisissant des hommes incapables de vous trahir et de prêter la main à de nouveaux égarements, à d'inutiles effusions de sang humain.

Quand le jour du scrutin sera arrivé, je conseillerai à mes amis de voter pour ceux qui se rangeront autour de Louis Blanc, s'ils veulent la paix, s'ils veulent éviter la guerre civile. L'élection de personnes osant encore aujourd'hui

(1) Ch. Lameth.

s'avouer les champions de partis dont les compétitions diverses ont fait jusqu'ici le malheur de notre pauvre pays, serait funeste aux intérêts particuliers et généraux. Elle serait la révolution en permanence, car on leur aurait donné le mandat de renverser ce qui existe ; et comment renverser ce qui existe sans effusion de sang ?

Oh ! Je comprends les amitiés privées, les attachements à l'infortune ; mais n'y a-t-il pas quelque chose de plus fort, de plus grand, de plus noble que tout cela : l'intérêt de la nation ? Je leur dirai donc : Au nom de la patrie, au nom même de nos intérêts, qu'une république *bien organisée* est susceptible de sauvegarder mieux que toute autre forme de gouvernement, votez pour des candidats républicains, votez pour des démocrates, pour ceux qui auront juré de servir les intérêts de tous, et non pour ceux qui n'ont jamais songé qu'à leur famille et un peu trop à eux-mêmes.

Je dirai à tous : Oubliant nos anciennes discordes, étouffant nos mauvais souvenirs, cessons de récriminer les uns contre les autres, adoptons et pratiquons enfin cette maxime de Caton, inscrite sur le piédestal de la statue de Rousseau : « *Vitam impendere vero* ; » et par notre sagesse et par notre accord, montrons à l'univers comment un grand peuple sait se gouverner après avoir su conquérir sa liberté !

A.-D. MARIANI,

Ajaccio, le 25 janvier 1871.

www.ingramcontent.com/pod-product-compliance
Lightning Source LLC
Chambersburg PA
CBHW051404050726

47595CB00006B/2694